AF460040

1863. 8 Avril

(173e) CATALOGUE

D'ESTAMPES

Anciennes & Modernes

PORTRAITS

Ornements, Vues de Silvestre, Caricatures, Costumes, Pièces historiques,

ÉCOLE FRANÇAISE, XVIIIe SIÈCLE

ET PIÈCES EN COULEUR

DONT LA VENTE AUX ENCHÈRES PUBLIQUES AURA LIEU

HOTEL DES COMMISSAIRES-PRISEURS

Rue Drouot, n° 5

SALLE N° 3, AU 1er ÉTAGE

Les Mercredi 8 et Jeudi 9 Avril 1863

A 1 HEURE PRÉCISE.

Me **DELBERGUE-CORMONT**, Commissaire-Priseur,
rue de Provence, 8,

Assisté de M. **VIGNÈRES**, Marchand d'Estampes,
rue de la Monnaie, 13, à l'entresol, entrée rue Baillet, 1,

CHEZ LEQUEL SE DISTRIBUE LE PRÉSENT CATALOGUE.

EXPOSITION PUBLIQUE

Le Mardi 7 Avril 1863, de une heure à quatre heures.

PARIS
RENOU & MAULDE
IMPRIMEURS DE LA COMPAGNIE DES COMMISSAIRES-PRISEURS
Rue de Rivoli, 144

1863

ORDRE DES VACATIONS

1re VACATION.

Ornements.....................	1 à 21
Vues de Silvestre et autres.........	22 à 37
Portraits.........................	38 à 203
Costumes, Pièces historiques.......	204 à 223
Lots de Lithographies....................	444

2e VACATION.

Estampes anciennes et modernes....	224 à 304
École française XVIIIe siècle.........	305 à 413
Portraits et Pièces en couleur......	414 à 443
Lots de Lithographies..................	444

CONDITIONS DE LA VENTE

Au comptant.

Cinq pour cent en plus des enchères, applicables aux frais.

Les lots ne formant pas suite complète pourront être divisés.

M. VIGNÈRES, dirigeant la Vente, se charge des Commissions.

NOTA. Toute commission sans prix fixé ou sans limite déterminée sera regardée comme nulle.

M. VIGNÈRES se charge de faire marquer les prix aux Catalogues des ventes qu'il a faites. Les personnes qui le désirent peuvent s'adresser à lui *franco*.

AVIS. -- Nous prions MM. les Amateurs éloignés de ne pas attendre au dernier jour, pour que les lettres arrivent le matin de la vente ; ils comprendront que quelques lettres peuvent se lire, mais de 20 à 50 lettres, c'est difficile.

DÉSIGNATION

ORNEMENTS

1 **Arabesques**, cartouches, etc, par Huet et autres. 28 p.

2 **Arquebuserie**. Lacolombe, Vries, etc. 15 p.

3 **Anonyme**. Consoles riches, avec figures. 4 p.

4 **Androuet-Ducereeau**. Vases et arabesques. 10 p.

5 — Tombeaux d'une très-riche architecture. 6 p.

6 **Babel**, etc. Encadrements très-riches. 24 compositions différentes, in-4.

7 **Berain**. Lambris avec cheminée, panneaux d'arabesques très-riches, arquebuserie, etc. 12 p.

8 **Boucher** et autres. Lambris, panneaux, intérieurs d'appartements, trumeaux, cheminée. 9 p.

9 — Groupes pour fontaines. 4 p. sanguine.

10 **Dieterlin**. Colonnes riches, etc. 4 p.

11 **Hopfer**. Reliquaire, Ciboires, etc. 9 p.

12 **Lafosse**. Attributs, Chandeliers, Ciboires, etc. 10 p.

13 **Lepautre**. Vases, fontaine, frises de feuillages entrelacs de figures, etc. 29 p.

14 **Leroy**. Frises d'oiseaux et animaux. 13 p.

15 **Marot** (D.). Vases, cheminée et plafond. 7 p.

16 **Moithey**. Attributs d'église et autres. 6 p.

17 **Oppenort** et autres. 9 p.

18 **Petits maîtres**. Ornements de Th. de Bry, l'Égaré, Janssen, Morison et autres 27 p.

19 **Polidore** et autres. Vases et chandeliers riches. 13 p.

20 **Raddi** (B.). Cénotaphes, tombeaux, etc. 7 p.

21 Vases de Bouchardon et autres. 8 p.

VUES

22 **Chatillon**. Vues de châteaux en France. 39 p.

23 **Ciartres,** *ex*. Châteaux de Folembray — Valery. 2 p. anciennes, rares.

24 **Descourtis**. Vue du port Saint-Paul. — La porte Saint-Bernard. 2 grandes p. d'après de Machy. — Le Champ-de-Mars le jour du serment civique. 3 p. en couleur.

25 **Marot** (J.). Vues de l'Oratoire, etc. 5 p.

26 **Martinet**. Petites Vues de Paris. 18 p.

27 **Perelle**. Vues du pont Notre-Dame et Saint-Landry. — Le Pont-au-Change du côté du Pont-Neuf. — Le pont Saint-Michel du côté du Pont-Neuf. 3 p., superbes épreuves avant toute lettre.

28 — Vue et perspective du château royal de Villers-Cotterets avec le bassin rond. Poilly ex.

29 **Rigaud**. Vues de Paris et châteaux en France, plusieurs grande marge, avec l'adresse chez l'auteur. 25 p. Sera divisé.

30 **Silvestre** (J.). Vues des châteaux de Berny, Bury-Rostaing, Liancourt, Tour-Neuve d'Orléans, Bourbon-l'Archambault, etc. 31 p.

31 — Vues de Lyon et environs. 25 p.

32 — Vues de Nancy. 14 p.

33 — Vues de Dijon, Sens, etc. 9 p.

34 — Vues d'Avignon, Grenoble, etc. 10 p.

35 — Vues d'Italie, villa de plaisance. 12 p.

36 — Vues d'Italie et autres. 22 p.

37 — Vues de Paris, Rambouillet, Vincennes, etc. 7 p.

PORTRAITS

38 **Aquila**. Raphaël, entouré des figures allégoriques des Arts, d'ap. C. Maratte..

39 **Aubert**. Louis, dauphin, à cheval. In-fol., d'apr. Lesueur.

40 — Claude Gillot, peintre. In-fol. Très-belle.

41 **Audran** (B.). H. de Beringhen. In-fol.

42 **Audran** (J.). Cl. Chérier, abbé. In-4.

43 — Noël Coypel, peintre. In-fol.

44 — Antoine Coyzevox, sculpteur. In-fol.

45 **Beauvarlet**. Cath., princesse Galitzin, née Cantemir. Profil in-4. Superbe.

46 **Bonnart**. Le Dauphin. — Maréchal Monrevel. — F.-H. de Montmorency, à cheval. 5 p.

47 **Bouttats**. Louis XIV. In-fol.

48 **Carmona** (S.). F. Boucher, peintre, d'ap. Roslin. Très-belle ép.

49 **Cathelin**. Marie-Ad.-Clotilde-Xav. de France, princesse de Piémont, d'après Ducreux. Très-belle ép.

50 **Cheesman**. Miss Bloomfield. Gracieux portrait à mi-corps.

51 **Chereau**. Largillière, peintre. In-fol.

52 — L. Pecour, maître de ballets. In-fol., d'après Tournière, Sup. ép.

53 — J.-Aug. de Thou, président. In-4.

54 **Corr** (Erin). Léopold Ier, roi des Belges. A mi-corps, d'après Wappers. Grand in-fol., lettre grise.

55 **Coypel**. J.-A. de Maroulle. In-4.

56 **Crespy** (chez). Mme de Prie tenant un oiseau. In-8, rare.

57 **Daullé**. Mlle ***Pélissier***, d'ap. Drouais. Portrait in-fol., chez Basan.

58 **Delacroix** (Eugène). M. Martial Marcet, abbé, d'ap. le dessin d'après nature par Devéria.

59 **Delaunay** (N.). Jean-François de Troy. Sup. ép. avant la lettre dans la tablette, toute marge. In-fol.

60 — Le même, avec la lettre, toute marge.

61 **Desprès**. J. Rod. Perronet, architecte. In-4.

62 **Drevet**. Robert de Cotte, architecte. In-fol.

63 — Cardinal Dubois. In-fol., d'ap. Rigaud.

64 — Pierre Gillet, procureur. In-fol,

65 — Cl. Leblanc, ministre de la guerre. In-4.— Léonard Delamet. In-fol. 2 p.

66 **Dugoure** (D'ap.). Marie de Gonzague, reine de Pologne. In-8, par *Droyer*. Toute marge.

67 **Dupin**. Ch.-Ph. comte d'Artois, colonel des Suisses, d'ap. Hall. Charmant portrait in-4. Sup. ép. avec l'emblème de la Vérité à droite, sans aucune adresse. Toute marge.

68 **Dupont** (Henriquel). Mme de Mirbel, en pied. In-4. — Rachel. — Une École en Turquie, d'ap. Decamps. 3 p. très belles.

69 — Le duc d'Orléans Ferdinand-Philippe, d'après nature. Sup. ép. avant la lettre, sur chine, toute marge.

70 **Duvivier**. Petrus Des Gouges, d'ap. Tournière.

71 **Edelinck** (G.). Henri Goltius. In-4. Très-belle.

72 — Jacques Savary, conseiller. In-4. Très-belle.

73 — Israël Silvestre, avec la Vue de Paris. Petit in-fol.

74 — J.-P. de Lionne — Moreri — Rouillé — Santeuil — Villeroi. 5 portraits in-fol.

75 — Lamoignon et autres tirés de Perrault. 5 p. in-4.

76 — Bossuet, évêque de Meaux, d'ap. *Rigault*. R.D. 157. Sup ép. 1er état, toute marge.

77 **Edelinck** (N.). André Campra, musicien. In-4.

78 **Falck**. Louis de Geen. Grand in-4.

79 **Fessard**. Dorat. Médaillon soutenu par une Muse entourée d'Amours, richement entouré d'attributs. In-4. Sup. ép.

80 **Ficquet**. La Fontaine, pour les Fables.

81 — Mme de Maintenon. Très-belle ép.

82 **Fischer**. Schoenlein, premier médecin du roi de Prusse. Lithog. in-fol. sur chine.

83 **Flameng** (L.). Mlle de La Vallière, d'ap. Petitot. Charmant portrait à l'eau-forte. Chine, in-8.

84 **Flipart**. Dumont le romain, peintre. In-fol.

85 **Gaillard**. Marie-Thérèse, comtesse d'Artois. In-4, très-belle ép. marge.

86 — François Castanier. — Joly de Fleury. 2 p. in-fol.

87 **Gaucher** (C.-E.). Jean-Benjamin Laborde. Sup. ép. d'un charmant petit portrait ovale, d'ap. *du Rameau*. In-8, toute marge, rare.

88 **Gaultier** (L.). Henri de Bourbon, prince de Condé, âgé de huit ans. In-8.

89 **Godefroy**. Mme Lebarbier Walbonne, élève de Garat, d'après Gérard. Sup. ép.

90 **Gole**. Philippe d'Orléans. — Élis. Charlotte, palatine. 2 p. in-fol. Sup. ép.

91 **Graff** (D'après), Frédéric Christian, prince de Sleswig Holstein. — Louise-Auguste, son épouse. 2 portr. en pied, in-fol.

92 **Grevedon**. Cornélie Falcon, costume de la Juive. Très-beau coloris rehaussé de gouache.

93 **Grunner**. Jules de Médicis, cardinal. In-4, d'ap. Raphaël, lettre grise *signée*.

94 **Guntz**, d'ap. Van Dyck. W. Villiers, vicomte Grandisson. En pied, in-fol.

95 **Gwin**. Georges III; les Grâces et le Génie de la Peinture désignant son portrait. Sup. ép. avant la lettre.

96 **Henriquez**. L. Sébastien Mercier. In-8. Sup.

97 **Hollar**. Bindo Altovitii. — Petro Aretino. — Arcolano Armafrodito. — Giorgione. 4 portraits.

98 **Houbraken**. Albertus Seba, Etzela Oostfrisius Pharmacopœus. Beau portrait in-fol.

99 **Klauber**. Allegrain, sculpteur. In-fol.

100 — Charles Vanloo, peintre. In-fol.

101 — Elisabeth Alexièwna, imper. de Russie. In-fol.

102 **Largillière** (D'ap.). Step. Franc. Geoffroy, médecin, par Surugue. — Matth. Franc. Geoffroy, pharmacien, par Chereau, 2 superbes ép. in-fol., toute marge.

103 **Larmessin**. Louis, duc de Bourbon. — Elis. Charlotte, palatine d'Orléans. 2 p. in-4.

104 — Louis XV, en pied, in-fol., d'ap. Vanloo.

105 **Lasne** (Michel). Michel le Masle, in-4.

106 **La Tour** (D'ap. de). Louis, dauphin, fils de Louis XIV. — Marie Leczinska, 2 portraits in-4.

107 **Le Beau**. Mlle ***Duthey***, in-8, toute marge.

108 **Lempereur**. Marg. Lecomte, des académies de peinture, etc., d'après Watelet, profil in-4, sup. ép., grande marge.

109 **Lenfant**. Caillard. — De Matignon et autre, 3 p. in-fol., signés de P. Mariette.

110 **Lepicié**. Claude Capperonnier, professeur de théologie, etc., in-fol., d'ap. Aved.

111 **Leu** (Thomas de). Henriette de Balzac.

— Louise de Budos, femme du connétable.

— Jeanne de Cocesme de Conty.

— Charles de Lorraine.

— Louise de Lorraine.

Ces 5 portraits in-8 pourront être divisés.

112 **Littret**. Favart, in-8, d'ap. Liotard, très-belle ép.

113 **Lombart**. Gab. Chassebras de la Grand'Maison, conseiller des monnaies, in-fol.

114 **Lubin**. Balzac, Camus, Peiresc, 3 p. in-4.

115 **Mansfeld**. Joseph II. — Pierre Léopold, 2 portraits à mi-corps, in-fol.

116 **Martinez**. Isabelle II, reine d'Espagne, in-4.

117 **Marquelier**. Madame de Sévigné, in-8, ép. avant la lettre sur grand papier de Chine fixé.

118 **Massard**. Nicolas de Livry, abbé de Sainte-Colombe, petit in-fol., d'ap. Tocqué.

119 **Masson**. Brisacier, secrétaire de la reine, belle ép. R. D. 15.

120 — Comte d'Harcourt, avant le trait échappé. R. D. 34.

121 — Turgot de Saint-Clair, maitre des requêtes, 66.

122 **Mellan**. Ch. Favre. — H.-L. Habert de Montmor, 2 p., très-belles ép.

123 **Moitte**. Marquis de Beringhen, in-fol. — Jean Restout, peintre, in-fol., d'ap. Latour.

124 **Moreau** le jeune (D'ap.). Louis XVI entouré de figures allégoriques, grand in-4, par Lemire.

125 **Morin**. J.-A. de Thou. — J. Tubeuf, 2 p.

126 **Moyreau**. J. B. Rebel, compositeur et maître de musique, in fol., d'après Watteau, très-belle ép.

127 **Nanteuil**. Anne d'Autriche, R. D. 22. — 2e des 5 états.

128 — F. Blondeau, président de la chambre des Comptes, 40.

129 — Fréd.-Maurice, duc de Bouillon, 48.

130 — F. de Clermont-Tonnerre, évêque de Noyon, 2e état avant les noms du personnage, 68.
131 — P. Gassendi, 101, marge.
132 — De Gillier, maître d'hôtel, 102.
133 — L. Phelippeaux de Lavrillière, 123.
134 — M. Le Masle, prieur des roches. 1er état, 126.
135 — Leonor Goyon de Matignon, évêque de Coutances. 1er état, 172.
136 — Mazarin, au bas la maladie de Louis XIII, 180. — Autre dirigé à gauche, 182, 2 p.
137 — F. de Nesmond, évêque de Bayeux, 2e des 4 états, 202.
138 — Ferdinand de Neuville, évêque de Chartres, 203.
139 — Harduin de Perefixe. 1er état, 211.
140 — J.-F. Sarrasin, conseiller, 220.
141 **Nolin**. Fr.-L. de Bourbon-Conti. — Louis, duc de Bourbon, 2 port. en pied.
142 **Perier** (F). Simon Vouet, peintre, à l'eau forte.
143 **Petit**. Louis XV, en pied, d'ap. Vanloo, in-fol.
144 — H. Bachelier, seig. de Montcel, d'ap. de Troy, in-fol , belle ép.
145 — H.-Ch. Arnauld de Pomponne, abbé de Saint-Médard de Soissons. — Ev. Titon du Tillet, auteur du *Parnasse français*, 2 p. in-fol.
146 — R.-Ch. de Maupeou, 1745, in-4, sup
147 **Pitau**. H. de Lorraine, marquis de Moy, in-fol.
148 **Poilly**. J. Amelot de Mauregard.
149 — Le grand Condé, 1660.
150 — Louis XIV, d'ap. Mignard.
151 — Anne de Rohan, princesse de Guémenée, entourée de figures allégoriques, petit in-fol., très-belle ép.

152 **Quenedey**. E. M. Cauthey, insp. général des ponts et chaussées, in-4, très-rare.

153 **Regnesson**. J.-B. de Buridan, professeur de droit à Reims, belle ép.

154 **Reynolds** (D'ap.). Lady en Junon recevant la ceinture de Vénus, in-fol., par Dixon.

155 **Robert** (Léopold). Mad. David sous le nom de la duchesse d'Orléans.

156 **Romanet**. Julie de Villeneuve, veuve de Saint-Vincent, petite fille de Mad. de Sévigné, in 4, marge.

157 **Roullet**. Cath. Touchelée, dame Leriche, in-4.

158 **Saillard**. Helena Forman, femme de Rubens, en pied, in-fol. Avant la lettre, très-belle ép.

159 **Saint-Non**. Par lui-même. Il choisit des estampes.

160 **Schmidt**. Mignard, peintre, in-fol.

161 **Schuppen** (Van). Pierre de Marca, archev. de Paris.

162 — Alexandre VII, d'ap. Mignard. — S. Bochard. — J.-L. de Fromentière. — Thaumasserius, 4 p.

163 **Sergent**. Tourville, maréchal, in-4 ovale.

164 **Simon**, 1694. Louis XIV en romain, en pied, in-fol., très-belle ép.

165 **Tardieu**. Paul Barras, directeur, en pied, in-fol.

166 — Marie-Antoinette en pied, en costume de Vestale, in-fol., d'ap. Dumont, toute marge.

167 **Thomassin**. Furetière. — Le Dauphin, 2 p.

168 **Trouvain**. H. Feret, archev. de Paris, in-4.

169 — A. Houasse, peintre, in-fol., très-belle ép.

170 **Vallet**. J.-L. Guez de Balzac, in-4

171 **Vermeulen.** Ch.-A. de Broglie, comte de Revel, in-fol. — Jeanne Seymour, 2 p.

172 — La Quintinie.. — L.-U. Lefèvre de Caumartin, maître des requêtes. — Cardinal de Noailles, 3 p. in-4.

173 **Walker.** Général Alex. Hope, d'ap. *Lawrence*, 1810, superbe ép. Lettre grise, in-fol., toute marge.

174 — Henri Raeburn, peintre, *proof*, sup. ép. Chine, toute marge.

175 — Le même, ép. sur blanc.

176 — Walter Scott, *proof*, sup., ép. Chine, toute marge.

177 — Le même avec la lettre sur blanc.

178 **Wille.** Ch. Fréd., margrave de Bade.

179 — Louis XV, buste sur piédouche, in-fol.

180 — Louis, dauphin de France, né en 1729. — Marie-Thérèse d'Espagne, son épouse, 2 port. in-4.

181 — Frédéric II, roi de Prusse, in-fol.

182 — Woldemar de Lowendal, d'ap. La Tour, in-fol. Ces deux portraits sont anciennes épreuves.

183 **Young.** MM. Orby Hunter en pied, avec un chien de Terre-Neuve, in-fol.

PORTRAITS

classés par noms et professions.

184 ***Bourbon*** (Charles de). Comte de Soissons, ovale. *L'arbre est du bon Roch*, très-belle ép.

185 ***Elssler*** (Fanny, Herminie et Thérèse), par Bouvier, Salabert, 16 p. noir et couleur.

186 ***Favart*** (Mad.) entourée de roses, par Chenu, d'après Garand, belle ép. in 8; — de profil, par Flipart, d'après Cochin, 2 p.

187 ***Lamotte*** (la malheureuse comtesse de), in-8, 1786.

188 ***Lorraine*** (Ph.-Em. de), duc de Mercueur, 3 port. in-8, différents.

189 ***Louis***, dauphin, en pied, d'après Tocqué, in-4.

190 ***Marie-Thérèse*** d'Angoulême, 3 p. in-8, — et la reine de Hongrie, 4 p.

191 ***Orléans*** (L.-Ph.-Jos., duc d'), en pied, d'après Cosway, gr. in-4.

192 ***Petion***. Ovale, in-8, avant toute lettre.

193 ***Puget***, peintre. Ép. Chine avant toute lettre, in-4.

194 **Abbés** de Sainte-Geneviève; L. Chaubert, par Ficquet. — De Lorn e, par Tardieu. — Duchesne, par Gaillard. — Revoire, par Cathelin, 4 portraits in-fol.

195 **Ecclésiastiques**. Baronius, Baudrand, Bembo, Clément XIV, frère Fiacre, Gilbert, Mazarin, etc., 13 p. in-4 et in-fol.

196 **Ecole anglaise**. Portraits de femmes, d'après Reynolds et autres. Princes et autres, d'après Van Dyck, etc., 20 p.

197 Portraits de divers personnages, 43 p.

198 Portraits d'artistes, peintres, sculpteurs, 9 p.

199 **Cendrillon**. 2 aquarelles sur cette pièce.

200 Actrices : Albertazzi, Bourgoin, Doze, Lefevre, Jenny-Vertpré, et acteurs. 46 p. 2 lots.

201 Colombe, Eckerlin, Pasta, etc. 10 p.
202 Msiciens et chanteurs. 10 p.
203 Sujets et charges relatifs au théâtre. 16 p.

CARICATURES, COSTUMES, PIÈCES HISTORIQUES

204 **Caricatures**. John Bull et l'enchanteur Merlin. — Les vapeurs, le jour des mémoires. — The state of the nation. Sept hommes et sept femmes en positions comiques. 3 pièces coloriées.
205 **Caricatures**. M. et Mme Denis, mourir plutôt que de céder, les incroables, etc. 11 p.
206 Métamorphoses d'Arlequin, parades jouées sur le Théâtre-Français ; Bruxelles, 1826. Cahier de 12 p. lithog. noir.
207 Costumes-portraits de M. de Fontange, Grignan. Lavallière, Longueville, Maintenon, Montespan, Sévigné, Dubarry, Pompadour, etc. 16 p. coloriées.
208 — Costumes du XVIIIe siècle, par Deveria et autres. 15 p. coloriées.
209 — Musée de costumes, Lacauchie; etc. 42 p. coloriées.
210 Arquebusiers, halebardiers et autres costumes militaires. 10 petites p. Époque de Goltzius.
211 **Benazech** (D'ap.). **Fils de saint Louis montez au ciel**. Louis XVI prêt à monter sur l'échafaud. In-fol. en couleur.

212 Le jeune Désilles à l'affaire de Nancy, 1790. Belle p. in-fol., en couleur.

213 **Gillray** del et fc. Caricature anglaise sur la vaccine. On vaccine une jeune femme, d'autres qui l'ont été, les bœufs leur sortent du bras, de la bouche, du nez, de l'oreille, etc. Coloriée.

214 **Larmessin**. Grand almanach de 1788. — La grande victoire remportée sur les Turcs en Hongrie. En 2 feuilles jointes.

215 **Née,** D'après Porbus. Monument funéraire de Henri IV. In-fol.

216 **Pécheux** (D'ap.). Entrée des alliés à la Porte-Saint-Martin en 1814. Le groupe des empereurs. — Entrée de Louis XVIII par la Porte-Saint-Denis. 2 p. par Alix et Levachez.

217 **Radigues** (Chez). Sacre et couronnement de Louis XV à Reims. Petit in-fol. en hauteur.

218 **Vicar**. Le chef de brigade Rampon, faisant faire le serment de Montenesimo, an IV. Eau-forte.

219 Placard historique. Unité et indivisibilité de la République. Colorié. Très-rare.

220 Discours de la Lanterne aux Parisiens; le procureur général portant la parole. On voit l'Hôtel-de-Ville. In-8.

221 Arrivée de Leurs Majestés à Compiègne.—Chapelle et mariage de Napoléon Ier. — Calèche. — Voiture de cérémonie. 4 p. coloriées.

222 Aérostat de Montgolfier, Charles et Robert. 4 p.

223 Partage de la Pologne, monument à Domremy, peste de Marseille et autres. 11 p.

ESTAMPES

Anciennes et Modernes

224 **Aldegraver** et autres. Frises, arabesques, danse de mort, sujets de costumes, etc. 21 p.

225 **Altdorfer**. Vases riches. 3 p.

226 — La courtisane, triomphe d'Amphitrite, et par divers, sujets religieux. 10 p.

227 **Aubry le Comte.** Le départ, le combat, le triomphe, le retour du guerrier. 4 p. sur chine.

228 — D'après Fauvelet, le jardin.

229 — D'après Prudhon, la Vierge, Marguerite, une pensée. l'Étude guide l'essort du Génie, les petits fileurs, les petits devideurs, le triomphe de Vénus. 8 p. Seront divisées.

230 — D'après Raphaël, Ève, danse d'amours. 2 p.

231 **Bargas**. Mariage de campagne d'ap. P. Bout.

232 **Beham** (S.). Trajan. travaux d'Hercule, le Mascaron, Cléopâtre, etc. 15 p.

233 **Boilly**. D'ap. Prudhon. Vénus au bain. Ep. avec ton et rehaut de couleur.

234 **Boissieu**. Entrée d'une forêt, R. 71. Ancienne ép.

235 **Bonasone.** Repas des dieux marins, Cérès, Midas, Cariatides. 4. p.

236 **Bosse** (Ab.). Le graveur. — L'imprimeur. 2 p.

237 — Signature du contrat.

238 — La virilité, repas de famille.

239 — Le repas du retour de l'enfant prodigue.

240 — Retour de l'enfant prodigue. — Donner à manger à ceux qui ont faim. 2 p.

241 **Brebiette.** La Fortune, les enfants de Niobé, etc. 4 p.

242 **Carrache** (An.). Jupiter et Antiope. B. 17.

243 **Carrache** (Aug.). Saint Jérôme. Belle ép.

244 **Charlet.** Le soldat français. Superbe ép., Lacombe, 74 RR.. Très-rare.

245 — Infanterie légère française, carabinier, 204. — Voltigeur, 205. — 2 p. très-belles.

246 **Cort** (C.). Saint Jérôme, d'ap. Titien. Cab. Fries.

247 **Drevet**. Jésus sur le mont Olivier, d'après Dieu. Sup. ép.

248 **Denon**. Nymphes de Diane surprenant l'Amour endormi.

249 **Duclos** de Lyon. Animaux. A l'eau-forte, 10 p.

250 **Dupré** (jules). Le jeune pâtre. Eau-forte sur chine.

251 **Dusart** (Corneille). Le joueur de violon assis. B. 15.

232 **Earlom**. Rembrandt's Wife. Très-belle ép.

253 — The holy Family, d'ap. Rubens.

254 **École anglaise**. Soumission d'Absalon, etc. 4 p.

255 **École de Fontainebleau.** Jupiter pressant les nues pour faire tomber la pluie. B. XVI, page 326, nº 54, pièce ceintrée.

256 — Restaurant de l'Antiquité. B. XVI. 359. 6.

257 — Bas-relief au sacrifice, Léon Davent.

258 — Le Satyre et la nymphe, et autres. 2 p.

259 — Les pêcheurs. Pièce ovale.
260 — Mars déshabillé par les Amours, et Vénus par des Nymphes, d'ap. M. Roux.
261 — Le cheval de bois. Grande pièce par Bonasone.
262 **Ghisi** (Les). Sujets d'enfants, Adoration des bergers, Mars et Vénus, Vénus chez Vulcain, etc. 9 pièces.
263 **Grandville** (D'ap.) Singeries morales, etc., 6 feuilles à plusieurs sujets.
264 **Grevedon**. 10 portraits d'enfants. In-fol.
265 **Heath** (Ch.). Georgina, duchesse de Bedford, et autres vignettes anglaises, in-8, et toute marge, in-fol. 9 p.
266 **Hollar**. Titre de Monasticon anglicanum, têtes de jeune femme, vieillard, Morett, d'après Holbein. 4 p.
267 **Hopfer** (D.). Jésus-Christ dans sa gloire pour juger les vivants et les morts. B. 15.
268 **Hubert**. Paysage avec chaumières. A l'eau-forte, original. Superpe ép. Rare.
269 **Huret**. Armoirie dans une décoration d'architecture. Sup. ép.
270 **Jordaens** (D'ap.). Philémon et Baucis. — Fuite en Égypte, par Waumans. 2 p.
271 **Lagnet**. Le capitaine des enfarinés, etc. 3 p.
272 **La Hire** (L. d.) Conversion de saint Paul. R. D. 16. État inconnu à R. Dumesnil entre le 2ᵉ et 3ᵉ avec l'adresse d'Antheaume.
273 **Le Sueur** (D'ap.). Alexandre le Grand malade et son médecin, par B. Audran.
274 **Lippi** (D'ap. Ph.). Beau *fac simile* d'Otlley.

275 **Lithographies** de Bellanger, J. David, Devéria, Dupré, Grevedon, Maurin, etc. 19 p.

276 — Coloriées, Bonington, Devéria, Johannot, Madou., etc. 24 p.

277 **Lucas de Leyde**. L'écusson, ornements, etc. 5 p.

278 **Mellan**. Sujets religieux, saint-sacrement. 13 p.

279 **Mogalli** (C.). Annonciation, Vierge entourée de saints. 2 p. avant la lettre.

280 **Muller**. Loth et ses filles.

281 **Nocchi**. Vénus changeant l'Amour en Ascagne. — Le Réveil de Diane. 2 très-belles p.

282 **Pencz** (Georges). Sujet de la Bible et de l'histoire profane 25 p., plusieurs très-belles.

283 **Poussin** (D'ap.). L'empire de Flore, par Audran. — Mort de Saphire, par Pesne.

284 **Raimbach**. Le commissionnaire infidèle (*The errand Boy*), d'ap. Wilkie. Sup. ép., lettre grise, sur chine, toute marge.

285 **Roullet**. La Visitation, d'ap. Mignard, belle.

286 **Rubens** (D'ap.). Sainte Barbe, sainte Catherine, Retour de chasse. 3 p., par Bolswert.

287 — Marche de Silène, par Delaunay. Très-belle.

288 — Adoration des Mages, Vierge dans une niche entourée fruits, par des amours; Jésus et saint Jean, par Jegher. En bois.

289 — Triomphe de Silène, par Popels. Très-belle ép.

290 — Chaste Suzanne, Christ au tombeau, Job, Fuite en Égypte, Adoration des bergers, etc., 7 p., par Pontius, Vorsterman, etc.

291 **Savery**. Costumes de dames et cavalier. 5 p.

292 **Scheffer**. Les souvenirs d'un soldat.

293 **Tayler**. Return from Hawking. — Cow house. 2 p. lithog., manière noire.

294 **Van Dick**. Le Christ mort sur les genoux de la Vierge. Eau-forte.

295 **Vidal** (D'ap.). Aika. — Nedjmé. 2 p. en travers.

296 — Eva. L'amour de soi-même. 2 p. en hauteur. Ces 4 p. sont lithographies coloriées avec soins filets d'or, en parfait état.

297 **Vignon**. Le Baptême de l'eunuque. — Le même sujet, par Bourdon. 2 p.

298 Pièces tirées de l'*Artiste* et autres, d'ap. Decamps et autres, gravées et lithographiécs. 14 p.

299 École française. Eaux-fortes et autres. 26 p.

300 Eaux-fortes italiennes, par et d'ap. Carrache, Guide et autres. 26 p.

301 Ecole italienne, d'ap. Raphaël, Titien, Paul Véronèse et autres. 33 p. 2 lots.

302 Adorations des bergers. — Six saints et sainte debouts. 2 grandes p., en bois.

303 *Ecole italienne*, fac simile, Parmesan., etc.

304 — Lunario novo 1590, avec les jours, bons pour purger et saigner. — Catafalque d'Alex. Farnese. — S. Didacus. — Fin de la vie humaine. — Carte de la Hongrie et Transylvanie. — Monog. A. V. K. — Siége de Zighat par les Turcs. Ant. Lafrery, 1566. 6 p., pourra être divisé.

ÉCOLE FRANÇAISE

XVIIIe siècle

305 *Anonyme*. Les heures du Jour, les saisons, etc. 7 petites pièces. Jolies femmes chez Diacre.

306 *Anonyme*. Les trente-deux Filles dans l'allées des Soupirs au Palais-Royal. Pièce in-4, rare, très-belle.

307 **Aubert** (D'après L.) Le Billet doux, gravé par Cl. Duflos, avec 8 vers. Ep. marge.

308 **Aubry** (D'après). L'Abus de la crédulité, par Delaunay. Très-belle ép. toute marge.

309 **Baudouin** (D'après). Deux jeunes filles regardant des tourterelles, par Choffart.

310 — Les Soins tardifs. Eau-forte pure.

311 — Le Fruit de l'Amour secret, par Voyez. Belle ép. marge.

312 — Le Curieux, par Maleuvre. Joli intérieur, époque Louis XVI. Superbe ép. toute marge.

313 — Le Matin. Très-belle ép. par de Ghendt, toute marge.

314 **Boilly** (D'après). L'Evanouissement. la Comparaison des petits pieds, Nous étions deux, le Dessin, etc.

315 **Borel** (D'après). Le Don intéressé. — La Morale. 2 jolies p. rares, par Voysard.

316 **Bouchardon**. L'Eté, l'Automne, Vénus retenant et corrigeant l'Amour. 4 p.

317 **Boucher**. Jeunes Filles assise et debout. 3 p. à l'eau-forte.

318 — L'Amour désarmé, jolie p. par Fessard, dédiée à Mme de Pompadour.

319 — Le Panier mystérieux. — Les deux Confidentes. 2 p.

320 — L'Amour et l'Hymen. — L'Amour enchaîné par les Grâces. 2 charmantes compositions.

321 — Nymphe endormie surprise par un Satyre. Eau-forte pure toute marge.

322 — Les charmes du Printemps, par Daullé. Très-belle ép.

323 — La Musique pastorale. — Les Amusements de la campagne 2 p. par Daullé.

324 —Les Amours pastorales. 2 p. par Cl. Duflos. Très-belle ép.

325 — Enlèvement d'Europe, par Cl. Duflos. Belle ép.

326 — L'Amour instruit par Mercure. — Le Pêcheur, 2 p.

327 — L'Amour frivole, par Beauvarlet.

328 **Bouillard**. La Comparaison, d'ap. Challe. Pièce gracieuse, toute marge.

329 **Challe**. L'Officieuse femme de chambre.

330 **Chardin** (D'ap.) Le Château de cartes. — Dame prenant son thé. 2 p., par Fillaul. Très-belles ép. et grandes marges.

331 — La Maîtresse d'école, par Lépicié chez Surugue. Belle ép. marge.

332 — La petite Fille aux moulin et tambour, par Cochin.

333 La petite Ouvrière rusée.—Le jeune Brodeur, 2 p. attribuées.

334 **Chereau**, d'après de Troy. Dame à sa fenêtre lisant une lettre. Très-belle ép.

335 **Cochin** (D'après). Le Camouflet, scène enfantine, par Dupuis. Belle ép. marge.

336 **Couché**. Patriotisme des habitants de Calais. Mort du prince de Brunswick, Toiras, Courtoisie de Bayard et autres. 6 p. in-4 toute marge.

337 **Courtin** et autres. Aimable Corybante. — La Coquette. — La Musique Philis. 3 p.

338 **D'André Bardon** (D'après). L'Enfance, par Balechou.

339 **Debucourt.** Minet aux aguets. Très-belle ép. lettre grise, ovale in-fol.

340 — D'après C. Vernet. Combats de Mamelucks. 2 p. avant la lettre.

341 **Drouais** (D'ap.). Jolie petite fille faisant des bulles de savon. Signé Jardinier, 1769. Eau-forte pure.

342 **Duflos** (Cl.) La Peinture, d'après Delarue. Vatelet a été pris pour type.

343 **Eisen** le père. La Marchande de plaisirs et de chansons. 2 p. très-belles.

344 —(D'après Ch.) La belle Nourice. — La jolie Fermière. 2 p. par de Longueil.

345 — Le Midi, le Repas. — L'après-midi, le Jeu de Cartes. 2 p. par de Longueil.

346 — L'Accord de mariage.

347 — La Vertu sous la garde de la Fidélité, par Le Beau. Toute marge.

348 **Filloeul**. Le Milieu du jour, scène de Repas.

349 **Fortier** *aqua*. Les galeries du Palais-Royal avec cinq filles et trois étrangers à la porte du **113**. Petite p. in-8 très-rare.

350 **Fournier** (D'après). Le Bouquet. **2** sujets différents.

351 **Gérard** (Mlle). Le petit Espagnol, par Miger. — Scène de chant. **2** p.

352 **Girardet**. Le Coup de Vent, d'ap. Lebel. Sup. ép. marge.

353 **Greuze** (D'ap.) Jeune Fille priant la statue de l'Amour. Sup. ép. tirée du cabinet Choiseul.

354 **Hemery**. Le Mot à l'oreille. Vénus et l'Amour, d'après C. Loti.

355 **Jeaurat** (D'après). La Relevée, par Lépicié.

356 —Le Déménagement d'un peintre, par Cl. Duflos.

357 **Lancret** (D'après). Les quatre Heures du jour, impr. en bleu chez Kilian. **4** p.

358 — Les Charmes de la Conversation, par Petit. — L'Occasion fortunée, par Scotin. **2** p.

359 **Larmessin**. Le fleuve Scamandre, d'après Boucher.
— Les Troqueurs, d'après Lancret.
— Les Deux Amis, Id.
— La Clochette, d'après Lemesle. Belle marge.
— Le Villageois qui cherche son veau, d'après Vleughels.
— Le Magnifique. 6 p. des contes de Lafontaine pourront être divisées.

360 **Lavrince** (D'après). Le Déjeuner anglais, par Vidal. Jolie p. rare.

361 — Les Offres séduisantes, par Delignon. Toute marge.

362 — Le Retour trop précipité, par Pierron.

363 —Le Concert agréable, par Varin. Très-belle ép. avant la lettre.

364 — Le même avec la lettre.

365 — L'Innocence en danger, par Caquet.

366 **Le Bas.** Revue de la maison du roi au trou d'Enfer, d'après Le Paon.

367 **Lecler** (D'après). L'Enfant prodigue réglant son compte. — L'Enfant prodigue mangeant son bien. 2 p. rognées.

368 — Costumes de dames. 2 p.

369 **Le Peintre** (D'après). La Cage symbolique. Sup. ép. avant les trois lignes de dédicace. Toute marge.

370 **Le Prince** (D'après). La Lettre envoyée. — La Lettre rendue. 2 p. par Delaunay. Très belles ép. avant les lignes de décicace.

371 — La Précaution inutile : vieillard endormi tenant le ruban qui attache sa très-jeune épouse par le bras droit, elle se laisse embrasser l'autre main. In-fol. en travers par Helman. — Le même, eau-forte pure. 2 p.

372 **Malbeste**, etc. Vue de la plaine des Sablons avec la revue des gardes Françaises et Suisses, d'après Moreau.

373 **Monnet** (D'après). Jupiter et Antiope. — Le roi d'Etiopie. — Vénus et Adonis. — L'Heureuse esclave. — Salmacis et Hermaphrodite. 5 p., par Vidal, marge.

374 **Moreau** le jeune (D'après). Déclaration de la grossesse, par Martini, 1776.

375 — Les Précautions, par Martini, 1777.

376 — J'en accepte l'heureux présage, par Triere.

377 — N'ayez pas peur ma bonne amie, Helman.

378 — Les petits Parrains, par Baquoy et Patas.

379 — La Rencontre au bois de Boulogne, par Guttemberg.

Ces pièces sont très-belles et avec A. P. D. R., avec privilége du roi.

380 — Dernières paroles de J.-J. Rousseau. — Tombeau de J.-J à Ermenonville. 2 p.

381 **Mouchet** (D'après). La Méprise. Jolie p. très-gracieuse, par Macret et Ancelin, extrêmement rare.

382 **Née** et **Masquelier**. Les Vœux du peuple confirmés par la religion, allégorie. Marie-Antoinette et Louis XVI, d'après Monnet. Superbe ép. toute marge.

383 **Oudry**. Le Roman comique. 6 p., dont une double, gravées par Oudry et avec son adresse. 9 autres p. avec l'adresse d'Huquier. 15 p.

384 **Pater** (D'après). Les Aveux indiscrets. — Le Baiser donné. — Le même avec vers latins. 3 p. par Filleul.

385 **Pierre**. La Danse villageoise. Belle eau-forte originale.

386 — La Sculpture. — La Savoyarde.

387 **Pinault**. Disgrâce de Gabrielle d'Estrées et retour d'Henri IV. 2 p. superbes. Ép. toute marge.

388 **Prevost**. Allégorie d'après Hallé, avec 2 médaillons pour portraits. Très belle ép. marge.

389 **Prudhon** (D'après). La Liberté, par Copia. Très-belle ép. marge.

390 — La Loi. — L'Egalité. 2 jolies petits bas-reliefs, par Copia, marge.

391 — Directoire exécutif sous le nom de Naigeon. — Gouvernement français. — Sénat conservateur. 3 entêtes de lettres, par Roger.

392 — Triomphe de Napoléon, par Roger.

393 — Phrosine. — Abrocome avant et avec la lettre. — En jouir. 4 p.

394 — La Grotte. Ep. sur Chine.

395 **Queverdo?** Villageois surprenant une jeune villageoise endormie par la chaleur. Sup. ép. avant toute lettre, la place des armoiries au bas est toute blanche.

396 — Les Plaisirs de l'hiver. — Le Déserteur. — La Fille surprise. 3 p.

397 — Les Aveux sincères ou les accords de mariage. — Le Coucher de la mariée. 2 p.

398 — Le Coucher et le Lever de la mariée. 2 p. très-belles ép. avant toute lettre.

399 **Saint-Aubin.** Vénus Anodyomene. Très-belle ép. ancienne, toute marge.

400 **Schenau** (D'après). La Dame bienfaisante. Sup. ép. avant toute lettre, rare.

401 **Vien** (D'après). Jeune Circassienne au bain. — Autel du jeune Bacchus. 2 p., par Glairon Mondet. Belles ép.

402 **Watteau** (D'après). Etudes de figures. — Dames assises. Eau-forte, par Boucher. 3 p.

403 — Rendez-vous de chasse, par Aubert. Très-belle.

404 — Les Entretiens badins, par Audran.

405 — Les Amusements champêtres, par Audran. Très-belle ép.

406 — Les Charmes de la vie, par Aveline. Belle ép.

407 — La Famille, Id.

408 — L'Occupation selon l'âge, par Dupuis. Belle ép., marge.

409 — L'Ile enchantée, par Le Bas. Très-belle et charmante composition, marge.

410 — Cinq figures dans un paysage en hauteur, deux debout et trois assises, dont un joueur de mandoline, gravé par P. Mercier. Ep. avec grande marge.

411 — Les Jardins de Bacchus. — Le Temple de Neptude. 2 arabesques.

412 — La Coquette, arabesque, par Boucher.

413 — La Cause badine. — Les Enfants de Momus. 2 p. arabesques, par Moyreau. Superbes.

PORTRAITS

et PIÈCES EN COULEUR

414 **Alix**. Marie-Anne-Charlotte Corday. Beau portrait in-fol. ovale, en couleur.

415 — Michel Lepeletier. Très-belle ép. Solon avec un cache-lettre. 2 p. ovales en couleur.

416 **Bartolozzi**. Lady Elisabeth Foster, d'après Reynolds, in-4, sanguine.

417 **Bonnet**. The Amiable Family. — Le Silence de Vénus. 2 jolies p. en couleur.

418 **Coutellier**. Mlle Julien. — Colombe. — Julien Menier. 3 portraits ovales en couleur.

419 **Debucourt** Il va l'apaiser. Jeune Fille écrivant sur le piédestal de l'Amour, *Je ne veux plus aimer*. Colorié, rare.

420 — 1787. Le Compliment ou la Matinée du jour de l'an. Charmante scène de famille, gravée en couleur.

421 — 1787. Promenade de la galerie du Palais-Royal, imp. en couleur.

C'est une des plus jolies pièces pour le nombre de costumes et types excentriques de l'époque. Cette très-belle ép., en parfait état, a environ un travers de doigt de marge en plus du cuivre.

422 — Route de Naples. — Marchand de vin des environs de Rome. — 2 scènes de voitures, d'après C. Vernet. Très-belles ép. en couleur.

423 — Mameluck. Cosaque régulier. Militaires anglais. Ecossais. Officiers prussiens. Marchandes de cerises, de poissons. La Course anglaise. 8 p. en couleur, d'après C. Vernet.

424 **Demarteau**. Bergère dormant, d'après Boucher. — Bergère, d'après Huet. 2 p. sanguine.

425 — Femme orientale, sanguine, d'après Le Prince.

426 — Têtes de jeunes filles, aux trois crayons, d'après Boucher. 2 p.

427 — Le Château de cartes. Charmante petite p. sanguine, d'après Courtois.

428 — Groupe d'Amours. La Bohémienne. La Pipée. Education de l'Amour. Autel de l'Amitié et autres. 10 p., sanguine.

429 **Grant**. The Charitable Lady. Joli Costume. Pièce en couleur, toute marge.

430 **Guyot**. Le Concert.— Le Colin-Maillard. 2 jolies petites pièces ovales en travers en couleur, toute marge.

431 **Huet** (D'après). Etudes pour les demoiselles. Dames en pied. Jolis Costumes. 2 p. sanguine.

432 — Le Départ de campagne. — Le Gouté champêtre. 2 p. en couleur par Jubier.

433 **Janinet**. L'Agréable Négligé, d'après Baudouin. Jolie p. en couleur.

434 **Lardy**. Paysan et Paysanne des environs de Berne. 2 p. d'après *Dunker ad naturem.*

435 **Lavrince** (D'après). Le Dîner: un jeune abbé se brûle avec le potage trop chaud.

436 **Le Campion**, d'après Sergent. Vue de la place d'Henri IV, prise sur l'eau. Ovale en couleur en travers.

437 **Leclerc** (D'après). Dame en pied assise et lisant. Charmant costume, sanguine par Jubier.

438 **Malles**, d'après Vangorp. Le Déjeuner de Fanfan Pièce en couleur.

439 **Montalant** (Citoyenne). Départ et Retour de la chasse. 2 p. ovales en travers.

440 **Moret**. Louis d'Assas, capitaine au régiment d'Auvergne. Ovale in-4 en couleur, rogné.

441 **Sergent**. Mazarin. — Comte d'Harcourt. 2 p. in-4 ovale en couleur.

442 — M. Necker, d'après Duplessis. in-4 en couleur.

443 Pièces en couleur et sanguine, d'après Boucher, Watteau, etc. Scènes maternelles. Têtes de jeunes filles, etc. 12 p.

444 Sous ce numéro seront vendus à la fin de chaque vacation plusieurs lots de lithographies.

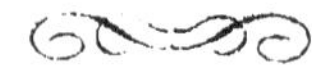

Renou et Maulde, Imprimeurs de la Compagnie des Commissaires-Priseurs, rue de Rivoli, 144. 20981

www.ingramcontent.com/pod-product-compliance
Ingram Content Group UK Ltd.
Pitfield, Milton Keynes, MK11 3LW, UK
UKHW020516180726
13839UKWH00005B/2122

9 782329 538051